So einfach spielst du bambinoLÜK:

Öffne das bambinoLÜK-Lösungsgerät und lege es auf dein aufgeschlagenes bambinoLÜK-Heft. Lege die sechs Plättchen mit den Symbolen nach oben auf die Aufgaben mit den gleichen Symbolen, also das Plättchen mit dem roten Symbol Haus auf die Aufgabe mit dem roten Symbol Haus oben links in der Ecke. Wenn alle Plättchen auf den Aufgaben liegen, nimmst du das Plättchen mit dem Symbol Haus und siehst dir die Aufgabe an, auf der das Plättchen lag.
Welches Bild auf der unteren Seite passt wohl dazu? Lege das Plättchen auf dieses passende Bild.
Mach es ebenso mit den anderen fünf Plättchen und Aufgaben.
Schließe dann das bambinoLÜK-Lösungsgerät und drehe es nach oben um.
Jetzt siehst du das bei der Übung abgebildete Lösungsmuster.

Die Spielanleitung

Autor: Michael Junga, Illustrationen: Frank Bayer, Duisburg
Druck und Verarbeitung: westermann druck GmbH, Braunschweig

Georg-Westermann-Allee 66, 38104 Braunschweig, service@westermann.de
6. Auflage 2025 ISBN 978-3-8377-7678-2
FSC MIX Papier FSC® C009717
AF645911

1 Wo stehen die Autos im Regal?

Milch
HALT
POLIZEI
POLIZEI

2 Findest du die Fahrzeuge und das Schild?

STOP
POLIZEI

3 Finde diese Autos und den Tankwart!

P
T
1
2
Tour

4 Wo sind diese Fahrzeuge im Garten?

5 Finde diese Fahrzeuge im Sandkasten!

6 Wo schwimmt das im Planschbecken?

M3

7 Finde diese Fahrzeuge auf der Baustelle!

8 Wo fahren diese Autos auf der Autobahn?

80

9

Finde diese Fahrzeuge am Flughafen!

FEUERWEHR
aircate
fuelex
aero direkt
stair

10 Finde diese Autos auf dem Parkplatz!

11 Ordne die Autos zu!

Inhalt